Duden

Erste Hilfe

Duden

Erste Hilfe

Komma, Punkt & Co.

Von Christian Stang

Dudenverlag
Berlin

Die **Duden-Sprachberatung** beantwortet Ihre Fragen
zu Rechtschreibung, Zeichensetzung, Grammatik u. Ä.
montags bis freitags zwischen 09:00 und 17:00 Uhr.
Aus Deutschland: **09001 870098** (1,99 € pro Minute aus dem Festnetz)
Aus Österreich: **0900 844144** (1,80 € pro Minute aus dem Festnetz)
Aus der Schweiz: **0900 383360** (3,13 CHF pro Minute aus dem Festnetz)
Die Tarife für Anrufe aus den Mobilfunknetzen können davon abweichen.
Den kostenlosen Newsletter der Duden-Sprachberatung können Sie
unter www.duden.de/newsletter abonnieren.

Bibliografische Information der Deutschen Nationalbibliothek
Die Deutsche Nationalbibliothek verzeichnet diese Publikation in der Deutschen Nationalbibliografie; detaillierte bibliografische Daten sind im Internet über http://dnb.dnb.de abrufbar.

Bibliographisches Institut GmbH, Mecklenburgische Str. 53, 14197 Berlin

Redaktion Iris Glahn
Herstellung Monique Markus

Layout und Satz Petra Bachmann, Weinheim
Umschlaggestaltung Büroecco, Augsburg
Druck und Bindung orthdruk, Bialystok
Printed in Poland

ISBN 978-3-411-71083-6
www.duden.de

Inhaltsverzeichnis

Das Komma

Das Komma hat im Deutschen in erster Linie die Aufgabe, den Satz optisch zu gliedern, damit er leichter gelesen werden kann. Es verdeutlicht die Konstruktion des Satzes, indem es beispielsweise einen Zusatz oder einen Gliedsatz (Nebensatz) vom Hauptsatz abhebt.
Das bedeutet umgekehrt, dass die Kommasetzung bei den Schreibenden ein Verständnis für die unterschiedliche Bauweise von Sätzen voraussetzt, mit anderen Worten: Grammatikkenntnisse. Das macht die Kommasetzung zu einem besonders fehlerträchtigen Kapitel der Rechtschreibung und Zeichensetzung. Allerdings kann man sich oft auch ohne eine Analyse des Satzbaus behelfen, zum Beispiel durch Faustregeln oder indem man auf die Sprechpausen in einem Satz achtet.

Das Komma zwischen Satzteilen

Innerhalb eines Satzes grenzt das Komma bestimmte Wörter, Wortgruppen oder Teilsätze voneinander ab.

Das Komma bei der Aufzählung

Das Komma steht zwischen den Teilen einer **Aufzählung.**

Die Firma arbeitet schnell, preiswert, zuverlässig.
Für heute, morgen, übermorgen müsste noch genug Essbares im Haus sein.
Sie können das Programm aus dem Internet herunterladen, auf einer CD-ROM im Handel erwerben, sich in gedruckter Form zuschicken lassen.

ACHTUNG!
Bei den meisten Aufzählungen in dieser Form wird das letzte Element mit ***und*** angeschlossen. Vor diesem Wort steht **kein** Komma.

Die Firma arbeitet schnell, preiswert und zuverlässig.
Für heute, morgen und übermorgen müsste noch genug Essbares im Haus sein.
Sie können das Programm aus dem Internet herunterladen, auf einer CD-ROM im Handel erwerben und sich in gedruckter Form zuschicken lassen.

Kein Komma steht, wenn die Elemente einer Aufzählung durch folgende Konjunktionen verbunden sind.

- ***und*** (→ den vorangehenden Abschnitt),
  Sie hat Fleisch und Wurst eingekauft.
  Wir haben heute und morgen eine Besprechung.
  Das Buch gibt es als kartonierte und gebundene Ausgabe.
- ***oder***
  Es wurde darüber verhandelt, ob Bonn oder Berlin die Hauptstadt werden soll.
  Er wird montags oder dienstags zur Bank gehen.
  Die Kundin musste sich zwischen einem Analog- oder ISDN-Anschluss entscheiden.

- ***sowie***
  An der Veranstaltung nahmen Kinder sowie Jugendliche teil.
  Die drei Hauptgattungen der Literatur sind Epik, Lyrik sowie Dramatik.
  Er sollte Wurst, Käse sowie Wein mitbringen.

- ***entweder – oder***
  Heute gehe ich entweder in die Stadt oder ins Kino.
  Sie wird entweder anrufen oder eine E-Mail übermitteln.
  Er sagt jetzt entweder Ja oder Nein.

- ***sowohl – als auch***
  Wir verbrachten den Urlaub sowohl in Frankreich als auch in Spanien.
  Sie spielt sowohl Geige als auch Klavier.
  Die Vereinigung machte sowohl durch Vorträge als auch durch Veröffentlichungen auf sich aufmerksam.

- ***weder – noch***
  Er wird weder heute noch morgen kommen.
  Ich weiß weder seinen Vornamen noch seinen Familiennamen.
  Sie hat ihn weder beruflich noch künstlerisch gefördert.

ACHTUNG!
Gleichrangige Adjektive (Eigenschaftswörter) vor einem Substantiv (Hauptwort) werden mit Komma getrennt.

ein gepflegter, sonniger Garten
ein kaltes, bitter schmeckendes Getränk
eine strebsame, zuverlässige Schülerin

Tipp

- In diesen Fällen lässt sich anstelle des Kommas das Wort **und** einsetzen.

  ein gepflegter und sonniger Garten
  ein kaltes und bitter schmeckendes Getränk
  eine strebsame und zuverlässige Schülerin

- In diesen Fällen ändert sich durch ein Umstellen der Adjektive (Eigenschaftswörter) **nicht** der Sinn.

  ein sonniger, gepflegter Garten
  ein bitter schmeckendes, kaltes Getränk
  eine zuverlässige, strebsame Schülerin

Kein Komma steht, wenn das **letzte** Adjektiv (Eigenschaftswort) mit dem Substantiv (Hauptwort) einen **Gesamtbegriff** bildet.

Tipp

- In der Regel handelt es sich dabei um ein Adjektiv (Eigenschaftswort), das folgende Eigenschaften bezeichnet.

  - eine **Farbe**
    der gute schwarze Anzug
    die langstielige rote Rose
    das neue weiße Kleid

  - ein **Material**
    der glitzernde goldene Ohrring
    ein handgenähter lederner Ball

- eine **Zugehörigkeit**
  ein aktiver gemeinnütziger Verein
  eine wichtige amtliche Mitteilung
- eine **Herkunft**
  ein berühmter englischsprachiger Roman
  eine neue amerikanische Droge

- Wenn das **erste** Adjektiv (Eigenschaftswort) **nicht dekliniert** (gebeugt) ist, folgt immer ein Gesamtbegriff.

  der rot schimmernde Diamant
  die hilflos zurückgelassene Frau

Das Komma in Briefen

Das Komma steht nach der **Briefanrede.**

Anstelle des Kommas kann auch ein Ausrufezeichen gesetzt werden (→ S. 54).

(In der Schweiz ist es üblich, kein Satzzeichen nach der Anrede zu setzen und das erste Wort des Textes großzuschreiben.)

Sehr geehrte Damen und Herren,
herzlichen Dank für Ihren Brief ...

Sehr verehrter Herr Bundespräsident,
mit diesem Schreiben ...

Lieber Johannes,
vielen Dank für die schöne Karte ...

Das Komma bei Appositionen (Beisätzen)

Die **Apposition** (der Beisatz) wird in Kommas eingeschlossen.

Marco Polo, ein venezianischer Kaufmann, bereiste im 13. Jahrhundert große Teile Ostasiens.
Mein Onkel, ein großer Tierfreund, und seine Katzen leben in einer alten Mühle.

Tipp
Die Apposition (der Beisatz) ist ein **erklärender Zusatz,** der im gleichen Fall wie das Substantiv (Hauptwort) steht. Die Apposition kann man weglassen, **ohne** dass der Satz sinnlos wird.

Marco Polo bereiste im 13. Jahrhundert große Teile Ostasiens.
Mein Onkel und seine Katzen leben in einer alten Mühle.

ACHTUNG!
Manchmal ist es erforderlich, zwischen einer **Aufzählung** und einer **Apposition** (einem Beisatz) zu unterscheiden.

Aufzählung:

Andrea,	*meine Frau*	*und ich*
▼	▼	▼
1. Person	2. Person	3. Person

werden heute Abend ins Kino gehen.

Apposition:

Andrea,	*meine Frau,*	*und ich*
▼	▼	▼
1. Person	Apposition	2. Person

werden heute Abend ins Kino gehen.

Das Komma bei nachgestellten Erläuterungen

Nachgestellte Erläuterungen werden durch ein Komma abgetrennt oder in Kommas eingeschlossen, wenn der Satz weitergeht. Solche Erläuterungen werden häufig durch folgende Fügungen eingeleitet.

- ***also***
  einfaches Komma:
  Das Wort ist veraltet, also heute ungebräuchlich.
  paariges Komma:
  Sie können uns morgen, also am Mittwoch, in unseren Büroräumen aufsuchen.

- ***besonders***
  einfaches Komma:
  Er liebt einen guten Wein, besonders Rotwein.
  paariges Komma:
  Nüsse, besonders Paranüsse, schätze ich sehr.

- ***das heißt*** (d. h.)
  einfaches Komma:
  Das Wort „Spiel" schreibt man mit langem „i", das heißt mit „ie".

paariges Komma:
Am frühen Abend, das heißt nach Büroschluss, ist der Verkehr besonders stark.

- ***das ist*** (d.i.)
  einfaches Komma:
  Ein Düker, das ist eine im Flussbett verlegte Rohrleitung.
  paariges Komma:
  Im Juni, das ist nach meinem Examen, wollen wir heiraten.

- ***insbesondere***
  einfaches Komma:
  Er liebt einen guten Wein, insbesondere Rotwein.
  paariges Komma:
  Nüsse, insbesondere Paranüsse, schätze ich sehr.

- ***nämlich***
  einfaches Komma:
  Ich fahre später, nämlich erst nach Abschluss der Verhandlungen.
  paariges Komma:
  Dass sie nur einen anderen schützen wollte, nämlich den Bruder der Angeklagten, ist offenkundig.

- ***und das***
  einfaches Komma:
  Er hatte einen Schwips, und das am frühen Morgen.
  paariges Komma:
  Sie ärgert sich, und das täglich, über ihren Vorgesetzten.

- ***und zwar***
  einfaches Komma:
  Das Schiff fährt wöchentlich einmal, und zwar sonntags.
  paariges Komma:
  Das Schiff fährt wöchentlich einmal, und zwar sonntags, nach Helgoland.

- ***vor allem***
  einfaches Komma:
  Für dieses Gericht braucht man frische Kräuter, vor allem Dill und Basilikum.
  paariges Komma:
  Der Gebrauch der Satzzeichen, vor allem die Kommasetzung, erfordert grammatikalisches Grundwissen.

- ***zum Beispiel (z. B.)***
  einfaches Komma:
  In der deutschen Grammatik unterscheidet man verschiedene Wortarten, zum Beispiel Verben, Substantive, Adjektive, Artikel.
  paariges Komma:
  Häufig verwendete Fremdwörter, zum Beispiel Akzent (von lat. „accentus") und Büro (von frz. „bureau"), folgen den Regeln der deutschen Rechtschreibung.

ACHTUNG!

Nach **das heißt** (d. h.) und **das ist** (d. i.) steht unmittelbar ein Komma, wenn ein bei- oder untergeordneter Satz folgt.

Am frühen Abend, das heißt, sobald die Büros geschlossen haben, ist der Verkehr besonders stark.

Im Juni, das ist, wenn ich mein Examen hinter mir habe, wollen wir heiraten.

Das Komma bei Datums-, Wohnungs- und Literaturangaben

Zwischen mehrteiligen **Datums- und Zeitangaben** steht ein Komma.

Wir treffen uns am Samstag, dem 27. März 2014.
Er kommt Samstag, den 27. März 2014.

Bei der **Weiterführung** des Satzes ist das letzte Komma **freigestellt.**

Wir treffen uns am Samstag, dem 27. März 2014 um 19 Uhr.
oder:
Wir treffen uns am Samstag, dem 27. März 2014, um 19 Uhr.

Die Veranstaltung findet Samstag, den 27. März 2014, um 19 Uhr in der Donau-Arena statt.
oder:
Die Veranstaltung findet Samstag, den 27. März 2014, um 19 Uhr, in der Donau-Arena statt.

Zwischen mehrteiligen **Wohnungsangaben** steht ein Komma.

Er wohnt in München, Mies-van-der-Rohe-Straße 1.
Die Antragstellerin wohnt in 93053 Regensburg, Landshuter Straße 4.

Bei der **Weiterführung** des Satzes ist das letzte Komma **freigestellt.**

Frau Huber aus Bonn, Königstraße 10 ist die glückliche Gewinnerin.
oder:
Frau Huber aus Bonn, Königstraße 10, ist die glückliche Gewinnerin.

Herr Bauer ist von Mannheim-Käfertal, Irisweg 1 nach Mannheim-Feudenheim, Eberbacher Platz 2 verzogen.
oder:
Herr Bauer ist von Mannheim-Käfertal, Irisweg 1, nach Mannheim-Feudenheim, Eberbacher Platz 2, verzogen.

Zwischen mehrteiligen **Literaturangaben** steht ein Komma.

Diese Regel steht im Duden – Die deutsche Rechtschreibung, 26. Auflage, S. 71, K 110.
Ich zitiere aus dem Brockhaus in zehn Bänden, Band 7, S. 167.

Bei der **Weiterführung** des Satzes ist das letzte Komma **freigestellt.**

Diese Regel ist im Duden – Die deutsche Rechtschreibung, 26. Auflage, S. 71, K 110 aufzufinden.
oder:
Diese Regel ist im Duden – Die deutsche Rechtschreibung, 26. Auflage, S. 71, K 110, aufzufinden.

Das Komma bei Konjunktionen (Bindewörtern)

Das Komma steht zwischen **Satzteilen,** die durch **Konjunktionen** (Bindewörter) miteinander verbunden sind.

Zur Gruppe der Konjunktionen (Bindewörter) mit **entgegensetzender Bedeutung** gehören zum Beispiel:

- ***aber***
  Die Untersuchungen waren aufwendig, aber erfolgreich.
  Ilona ist gut im Schwimmen, aber nicht im Tauchen.

- ***doch***
  Die Gaststätte ist klein, doch immer gut besucht.
  Sie erlernt ein Musikinstrument, doch bislang ohne Erfolg.

- ***jedoch***
  Er geht heute in die Stadt, jedoch erst am Abend.
  Sie kam bald zurück, jedoch ohne das Geschenk.

- ***sondern***
  Diese Hose ist nicht schwarz, sondern grau.
  Sie war keine Mathematikerin, sondern eine Physikerin.

Zur Gruppe der **mehrteiligen** anreihenden Konjunktionen (Bindewörter) gehören zum Beispiel:

- ***einerseits – and[e]rerseits***
  Einerseits wollte sie nicht drängen, andererseits hatte sie es eilig.
  Er ist einerseits fleißig, andererseits aber auch verspielt.
  Einerseits machte es Spaß, andererseits Angst.

- ***nicht nur – sondern auch***
  Sie ist nicht nur eine gute Musikerin, sondern auch eine ausgezeichnete Malerin.
  Er spielt nicht nur Tennis, sondern auch Handball.
  Sie war nicht nur in der Schule, sondern auch auf dem Sportplatz die Beste.

- ***teils – teils***
  Der Schüler machte seine Hausaufgaben teils selbst, teils mithilfe seines Vaters.
  Sie verbrachte ihre Ferien teils in Frankreich, teils in Italien.

ACHTUNG!
Bei Vergleichen werden mit **als** oder **wie** eingeleitete Gliedsätze (Nebensätze, → S. 29) mit Komma abgetrennt.

Alexander ist größer, als Wolfgang im gleichen Alter war.
Das ist ein anderer Stempel, als ich ihn damals hatte.

Kommen Sie so schnell, wie Sie können!
Der neue Arbeitsplatz ist nicht so ansprechend, wie es der alte war.

Wenn kein Gliedsatz (Nebensatz) vorliegt, steht **kein** Komma.

Alexander ist größer als Wolfgang.
Der neue Computer ist teurer als der alte.
Ich gehe lieber schwimmen als einkaufen.

Alexandra ist so groß wie Petra.
Er gab das Geld aus wie ein Millionär.

Bei **nachgestellten Zusätzen** mit **wie** ist die Kommasetzung **freigestellt.**

Die Satzzeichen wie Komma, Semikolon, Doppelpunkt und dergleichen werden in dieser Broschüre erläutert.
oder:
Die Satzzeichen, wie Komma, Semikolon, Doppelpunkt und dergleichen, werden in dieser Broschüre erläutert.

Das Komma bei Infinitiv- und Partizipgruppen

Tipp

- Die **Infinitivgruppe** (Gruppe der Grundform) besteht aus dem Wort **zu** und einem **Verb** (Zeitwort), das im Infinitiv steht und oft mit einer näheren Bestimmung verbunden ist.

Er versucht,	*die Sache*	*zu klären*
	▼	▼
	nähere Bestimmung	„zu" plus Verb im Infinitiv

- Die **Partizipgruppe** (Gruppe des Mittelworts) besteht aus einem **Partizip** (Mittelwort), das mit einer näheren Bestimmung verbunden ist.

Die Zahlungsmodalitäten betreffend(,) möchten …

Die Zahlungsmodalitäten	*betreffend(,)*
▼	▼
nähere Bestimmung	Partizip

Das Partizip (Mittelwort) ist oft an den Endungen **-end** bzw. **-nd** oder an der Vorsilbe **ge-** zu erkennen.
betreffend, lesend, schlafend, singend, zwitschernd, flimmernd, wimmernd, gestärkt, gemacht, gelesen

Bei **Infinitivgruppen** (Gruppen der Grundform) **muss** in drei Fällen ein Komma stehen:

- Die Infinitivgruppe (Gruppe der Grundform) wird mit folgenden Wörtern eingeleitet.

  - ***als***
    Er konnte nichts Besseres tun, als zu reisen.

  - ***[an]statt***
    Er spielte, [an]statt zu arbeiten.

  - ***außer***
    Er hatte nichts zu tun, außer seine Nachbarn ständig zu beobachten.

  - ***ohne***
    Er sagte dies, ohne mir dabei in die Augen zu sehen.

  - ***um***
    Sie ging in die Stadt, um ein Geburtstagsgeschenk zu kaufen.

- Die Infinitivgruppe (Gruppe der Grundform) hängt von einem **Substantiv** (Hauptwort) ab.

  Er fasste den Gedanken, den Arbeitsplatz zu wechseln.
  Sie hat den Wunsch, ihre kreative Seite auch beruflich besser zum Einsatz bringen zu können.

- Die Infinitivgruppe (Gruppe der Grundform) wird durch ein **hinweisendes Wort angekündigt** oder **wieder aufgenommen.**

  Ankündigung durch ein hinweisendes Wort:

  Hier bin ich ***dafür,*** *abzustimmen.*
  weist hin auf

  Wiederaufnahme durch ein hinweisendes Wort:

  Diese Sprache zu erlernen, ***das*** *war …*
  weist hin auf
  … ihr großer Wunsch.

ACHTUNG!
Wenn der Infinitiv (die Grundform) **nicht** mit einer näheren Bestimmung oder einem der oben genannten Einleitewörter verbunden ist, **kann** auf das Komma verzichtet werden.

Den Gedanken, auszuwandern, hatte er schon lange ins Auge gefasst.
oder:
Den Gedanken auszuwandern hatte er schon lange ins Auge gefasst.

Dies gilt nur, wenn durch den Verzicht auf das Komma **keine Missverständnisse** entstehen können.

Bei **Partizipgruppen** (Gruppen des Mittelworts) **kann** ein Komma stehen, um die **Gliederung** des Satzes zu verdeutlichen oder um **Missverständnisse** auszuschließen.

Die Zahlungsmodalitäten betreffend möchten wir Ihnen heute den folgenden Vorschlag machen.
oder:
Die Zahlungsmodalitäten betreffend, möchten wir Ihnen heute den folgenden Vorschlag machen.

Durch eine Tasse Kaffee gestärkt werden wir unsere Aufgabe fortsetzen.
oder:
Durch eine Tasse Kaffee gestärkt, werden wir unsere Aufgabe fortsetzen.

ACHTUNG!
Wenn die **Partizipgruppe** (Gruppe des Mittelworts) durch ein **hinweisendes Wort angekündigt** oder **wieder aufgenommen** wird, **muss** ein Komma stehen.

Genau so, mit viel Salami belegt, hat er die Pizza am liebsten.
Aus vollem Halse lachend, so kam sie auf uns zu.
Auf diese Weise, jeden Stein einzeln umdrehend, hatten wir schließlich Erfolg mit unserer Suche.

Das Komma zwischen Sätzen

Ein Komma wird sowohl zwischen gleichrangigen Hauptsätzen als auch zwischen Haupt- und Nebensatz gesetzt.

Das Komma zwischen Hauptsätzen

Das Komma steht zwischen **Hauptsätzen.**

Hauptsatz ,	**Hauptsatz**
Andrea liest Zeitung,	*Thomas singt.*

Hauptsatz ,	**Hauptsatz** ,	**Hauptsatz**
Die Musik wird leiser,	*der Vorhang hebt sich,*	*die Musik beginnt.*

Tipp

Merkmale des Hauptsatzes:

- Der Hauptsatz kann **allein** stehen.
- Der Hauptsatz besteht in der Regel aus **Subjekt** (Satzgegenstand) und **Prädikat** (Satzaussage).
- Im einfachen Hauptsatz (außer Frage- und Aufforderungssatz) steht das **Verb** (Zeitwort) an **zweiter** Stelle.

Andrea *liest* *Zeitung*
▼ ▼
Subjekt Prädikat –
Verb an zweiter Stelle

ACHTUNG!

Zwischen Hauptsätzen, die mit **und** bzw. **oder** verbunden sind, **kann** ein Komma stehen, um die **Gliederung** des Satzes zu verdeutlichen.

Andrea liest Zeitung und Thomas singt.
oder:
Andrea liest Zeitung, und Thomas singt.

Wir stiegen in den Bus und die Kinder weinten, weil sie gern noch geblieben wären.
oder:
Wir stiegen in den Bus, und die Kinder weinten, weil sie gern noch geblieben wären.

Wir warten auf euch oder die Kinder gehen schon voraus.
oder:
Wir warten auf euch, oder die Kinder gehen schon voraus.

Das Komma zwischen Haupt- und Gliedsatz

Das Komma steht zwischen **Haupt-** und **Gliedsatz** (Nebensatz).

Der Gliedsatz kann dabei an folgenden Stellen des Satzes stehen.

- zu **Beginn**

Gliedsatz	,	Hauptsatz
Dass das Auto seinen Zweck erfüllt,		*glaube ich.*

- in der **Mitte**

Hauptsatz	,	Gliedsatz	,	Hauptsatz
Das Buch,		*das ich mir gekauft habe,*		*gefällt mir sehr gut.*

- am **Ende**

Hauptsatz	,	**Gliedsatz**
Ich glaube,		*dass das Auto seinen Zweck erfüllt.*

Tipp

Merkmale des Gliedsatzes (Nebensatzes):

- Der Gliedsatz kann **nicht** allein stehen.
- Der Gliedsatz wird oft durch eine **Konjunktion** (ein Bindewort) eingeleitet.
- Im Gliedsatz steht das **Verb** (Zeitwort) immer am **Ende.**

… dass	*das Auto seinen Zweck*	*erfüllt*
▼		▼
Konjunktion		Verb am Ende

Das Komma steht zwischen **Gliedsätzen** (Nebensätzen), die nicht durch **und** bzw. **oder** verbunden sind.

Hauptsatz	,	**Gliedsatz**	,	**Gliedsatz**
Der Lehrer erwartet,		*dass er die Aufgabe erledigt,*		*die er bekommen hat.*

Das Semikolon (der Strichpunkt)

Das Semikolon – auch »Strichpunkt« genannt – nimmt eine Mittelstellung zwischen Komma und Punkt ein: Es steht anstelle eines Kommas, wenn dieses zu schwach trennt; es steht anstelle eines Punktes, wenn dieser zu stark trennt. Wann das der Fall ist, lässt sich nicht eindeutig festlegen. Deshalb haben die Schreibenden bei der Anwendung des Semikolons mehr Freiheit als bei anderen Satzzeichen.

Das Semikolon bei Aufzählungen

Das Semikolon grenzt bei längeren Aufzählungen die einzelnen **Sinneinheiten** voneinander ab.

An Freizeiteinrichtungen bieten wir Ihnen: Tennis-, Volleyball- und Fußballplätze; Reitwege, Wanderwege, Joggingwege; Hallenbäder, Freibäder, Badestrände.

In dieser fruchtbaren Gegend wachsen Roggen, Gerste, Weizen; Kirschen, Pflaumen, Äpfel; Tabak und Hopfen; ferner die verschiedensten Arten von Nutzhölzern.

Unser Proviant bestand aus gedörrtem Fleisch, Speck und Rauchschinken; Ei- und Milchpulver; Reis, Nudeln und Grieß.

Das Semikolon in Sätzen

Das Semikolon steht zwischen längeren Sätzen, die inhaltlich **eng** miteinander verbunden sind.

Den genauen Liefertermin für das Ersatzteil können wir Ihnen leider heute noch nicht nennen; wir sind aber sehr zuversichtlich, dass sich die Reparatur noch vor Ihrem Urlaub durchführen lässt.

Die Familie meiner Mutter stammt aus Italien; die meines Vaters dagegen aus Ungarn.

Sie beschäftigt sich seit einigen Jahren mit der deutschen Literatur und ihrer Geschichte; zurzeit besucht sie eine Vorlesung zur Entstehung des Nibelungenliedes.

Bitte beachten Sie die folgenden Regelungen: Die Einschreibung muss schriftlich erfolgen; die Einschreibungsfrist beträgt vier Wochen; eine Bestätigung geht Ihnen ausschließlich auf dem Postweg zu.

Der Doppelpunkt

Der Doppelpunkt ist ein Übergangs- und Ankündigungszeichen. Er soll die Lesenden zu einer Pause veranlassen und zugleich aufmerksam machen auf das, was folgt. Der Doppelpunkt hat also die Aufgabe, einen einleitenden oder ankündigenden Text optisch von dem folgenden Text abzuheben. Der Doppelpunkt kann zwischen zwei Sätzen oder innerhalb eines Satzes stehen.

Der Doppelpunkt vor der direkten Rede

Der Doppelpunkt steht vor der **direkten** (wörtlichen) Rede.

Der Abteilungsleiter sagte: „Wir werden das Projekt gleich in Angriff nehmen."
Er fragte: „Wird das Wort getrennt geschrieben?"
Sie stellte fest: „Das Projekt ist bei unseren Partnern auf großes Interesse gestoßen."
Martin erwiderte: „Darüber ist noch nicht das letzte Wort gesprochen."

Der Doppelpunkt vor Zitaten

Der Doppelpunkt steht vor **Zitaten.**
(Zu den Anführungszeichen bei Zitaten → S. 63.)

Friedrich von Schiller schrieb: „Was ist die Mehrheit? Mehrheit ist Unsinn; Verstand ist stets bei wen'gen nur gewesen."
John F. Kennedy sprach: „Alle freien Menschen, wo immer sie leben mögen, sind Bürger dieser Stadt Westberlin, und deshalb bin ich als freier Mann stolz darauf, sagen zu können: ‚Ich bin ein Berliner!'"
Peter Rosegger bemerkte: „Kein Aprilwetter schlägt so rasch um wie die Stimmung der Menge."

Der Doppelpunkt vor Aufzählungen

Der Doppelpunkt steht vor **Aufzählungen,** wenn diese angekündigt werden.

In der deutschen Grammatik unterscheidet man verschiedene Wortarten: Verb, Substantiv, Adjektiv, Artikel …

In dieser Broschüre werden die Regeln zu den folgenden Satz- und Wortzeichen dargestellt: Komma, Semikolon (Strichpunkt), Doppelpunkt, Gedankenstrich, Punkt, Ausrufezeichen, Fragezeichen, Klammer, Anführungszeichen, Apostroph (Auslassungszeichen), Ergänzungsstrich (Ergänzungsbindestrich), Schrägstrich.

Wenn die Aufzählung durch diese Wörter eingeleitet wird, braucht **kein** Doppelpunkt gesetzt zu werden.

- ***nämlich***
  Ich fahre später, nämlich erst nach Abschluss der Verhandlungen.

- ***das heißt*** (d. h.)
  Das Wort „Spiel" schreibt man mit langem „i", das heißt mit „ie".

- ***das ist*** (d. i.)
  Ein Düker, das ist eine im Flussbett verlegte Rohrleitung.

- ***zum Beispiel*** (z. B.)
  In der deutschen Grammatik unterscheidet man verschiedene Wortarten, zum Beispiel Verben, Substantive, Adjektive, Artikel.

(Zur Kommasetzung → S. 17 ff.)

Der Doppelpunkt vor Satzstücken und Einzelwörtern

Der Doppelpunkt steht vor **Satzstücken** und **Einzelwörtern,** wenn diese angekündigt werden.

Beginn: 20:00 Uhr
Verfasser: Johann Wolfgang von Goethe
Haltbar bis: 10. 11. 2014
Familienstand: ledig
Gerichtsstand: Bremen

Der Doppelpunkt vor Zusammenfassungen und Folgerungen

Der Doppelpunkt kündigt **Zusammenfassungen** und **Folgerungen** an.

Wir halten fest: Der Doppelpunkt kündigt Zusammenfassungen und Folgerungen an.

Das Haus, die Wirtschaftsgebäude, die Scheune und die Stallungen: Alles war den Flammen zum Opfer gefallen.

Wirtschaftskrise, Staatsverschuldung, Arbeitslosigkeit: Die Regierung ist unter Druck.

Das Buch ist brillant geschrieben, voll überraschender Wendungen und noch dazu spannend: ein Meisterwerk!

Der Gedankenstrich

Der Gedankenstrich ist ein starkes Grenzsignal und trennt stärker als Komma oder Doppelpunkt. Man unterscheidet zwischen dem einfachen und dem paarigen (also immer paarweise vorkommenden) Gedankenstrich. Der einfache Gedankenstrich dient zur Kennzeichnung einer größeren Pause zwischen einzelnen Wörtern oder innerhalb eines Satzes. Er kann aber auch zwischen zwei Sätzen stehen, um den Übergang zu einem anderen Thema anzuzeigen. Der paarige Gedankenstrich dient zur Abgrenzung eines eingeschobenen Satzes oder Satzteils.

Der Gedankenstrich zwischen Sätzen und Einzelwörtern

Ganze Sätze können durch Gedankenstriche abgegrenzt werden, wenn ein Wechsel deutlich gemacht, aber kein Absatz eingefügt werden soll. Auch Einzelwörter können anstatt durch Kommas durch Gedankenstriche abgegrenzt werden, wenn eine stärkere Gliederung erwünscht ist.

Der Gedankenstrich kennzeichnet einen Wechsel

Der Gedankenstrich kennzeichnet einen der folgenden Wechsel.

- **Gedankenwechsel**
  Leider können wir Ihnen in dieser Sache nicht behilflich sein. – Wir müssen unsere Konsequenzen ziehen.
  Wir sind bedauerlicherweise nicht in der Lage, diesen Wunsch zu erfüllen. – Besprechen wir jetzt den nächsten Punkt der Tagesordnung.
  Wir behandelten in der letzten Sitzung das Problem der Getreideversorgung. – Hat übrigens inzwischen jemand Herrn Müller gesehen?

- **Sprecherwechsel**
  „Bist du zu Hause?“ – „Ja, ich komme!“
  „Ist hier irgendjemand?“ – „Ja, hier!“
  „Wir haben keine Chance“, prophezeite er. – „Sei doch nicht so pessimistisch!“, erwiderte seine Frau.

Der Gedankenstrich kennzeichnet Stichwörter

Der Gedankenstrich kennzeichnet die **Stichwörter** in Inhaltsangaben.

Satzzeichen: Komma – Semikolon – Doppelpunkt – Gedankenstrich – Punkt – Ausrufezeichen – Fragezeichen – Klammer – Anführungszeichen – Apostroph – Ergänzungsstrich – Schrägstrich.

Satzarten: Aussagesatz – Fragesatz – Aufforderungssatz – Wunschsatz – Ausrufesatz.

Die Kapitel des Bandes „Duden – Die Grammatik“: Phonem und Graphem – Intonation – Das Wort – Der Satz – Der Text – Gesprochene Sprache.

Der Gedankenstrich innerhalb von Sätzen

Der Gedankenstrich steht bei:

- **Kommandos**
  Auf die Plätze – fertig – los!
  Rumpf vorwärtsbeugen – beugt!

- **etwas Unerwartetem**
  Plötzlich – der Mann tauchte wieder auf!
  Die Stadt – wie ausgestorben, die Häuser – nur noch rauchende Trümmer.
  Er betrat das Zimmer und sah – seine Frau.
  Zuletzt tat er das, woran niemand gedacht hatte – er beging Selbstmord.

- **Gegenüberstellungen**
  neu – gebraucht
  hässlich – schön
  jung – alt
  diesseits – jenseits
  einerseits – andererseits
  nicht nur – sondern auch

- **Redeabbrüchen**
  „Jetzt fahrn wir übern See, übern See, jetzt fahrn wir übern –"
  Ich wollte doch nur –
  Schweig, du –!

Der Gedankenstrich bei Einschüben

Der Gedankenstrich steht vor und nach **Einschüben,** die das Gesagte näher erläutern. Das zum umgebenden Text gehörende Satzzeichen darf dabei **nicht** weggelassen werden.

Wir glauben – und hier sind wir mit Sicherheit nicht allein der Ansicht –, dass das jetzige Steuersystem verändert werden muss.

Sie informierte uns – zum Glück! –,
wie es um die Firma bestellt war.

Er behauptete – wissen Sie es noch? –,
dass er bestohlen worden sei.

Verächtlich sagte er – er wandte kaum
den Kopf dabei –: „Das ist eine Fälschung."

Der Punkt

Der Punkt ist in erster Linie ein Schlusszeichen und steht in dieser Funktion am Ende eines Satzes. Als einfachstes Satzzeichen hat er daneben noch einige Sonderaufgaben, wie zum Beispiel bei der Schreibung von Abkürzungen *(Abb., usw., z. B.)* oder von Ordinalzahlen (Ordnungszahlen) in Ziffern *(80. Geburtstag, 1. August 2014, Friedrich II.)*.

Der Punkt als Satzschlusszeichen

Der Punkt steht nach **Aussagesätzen.**

Ich lese dieses Buch mit großem Interesse.
Die Satzzeichen gliedern den Text.
Der Punkt steht nach Aussagesätzen.
Der Stift liegt auf dem Tisch.

Der Punkt steht nach **unvollständigen Sätzen, Satzstücken** und **einzelnen Wörtern,** wenn diese eine eigenständige Sinneinheit bilden.

Hier die gewünschten Unterlagen.
Bitte gegengezeichnet zurücksenden.
Gut möglich.
Nicht ohne Rücksprache.
Danke.

Der Punkt steht nach **Aufforderungssätzen,** denen kein **besonderer Nachdruck** verliehen werden soll.

Hier ersetzt der Punkt das Ausrufezeichen (→ S. 52 f.).

Ergänzen Sie die fehlenden Angaben.
Bitte informieren Sie mich rechtzeitig.
Siehe Abschnitt 1.

Der Punkt nach frei stehenden Zeilen

Der Punkt steht **nicht** nach frei stehenden Satzstücken und einzelnen Wörtern, die in besonderen Zeilen deutlich herausgehoben sind.

Innerhalb eines Briefes

Kein Punkt steht nach der

- **Datumsangabe**
  Berlin, 1. März 2014
  01. 03. 2014

- **Anschrift**
  Bibliographisches Institut GmbH
  Mecklenburgische Straße 53
  14197 Berlin

  Herrn
  Waldemar Herzog
  Rosenweg 12
  1010 WIEN
  ÖSTERREICH

- **Betreffzeile**
  Ihr Schreiben vom 10. April 2014
  Zahlungsverzögerung
  Neue Konditionen im Privatkundengeschäft
  Dialogmarketing – einmal anders

- **Grußformel**
  Mit freundlichen Grüßen
  Mit freundlichem Gruß
  Mit den besten Wünschen zum Jahreswechsel
  Herzliche Grüße aus der Hansestadt Hamburg

- **Unterschrift**
  Michael Schiller

  ppa. Dr. Thomas Müller

  gez. Sabine Schwarz

  Deine Arbeitskollegin
  Andrea

Überschriften, Zeitungs-, Zeitschriften- und Buchtitel

Kein Punkt steht nach

- **Überschriften**

  Überschriften von Schulaufsätzen:
  Vorteile und Gefahren der Medien
  Vor- und Nachteile der Werbung für Wirtschaft und Verbraucher

Überschriften von Zeitungsartikeln:
Weitere Verhandlung in Berlin gescheitert
„Habseligkeiten" zum schönsten deutschen Wort gekürt

- **Zeitungs-, Zeitschriften-** und **Buchtiteln**

Zeitungs- und Zeitschriftentitel:
Frankfurter Allgemeine Zeitung
Süddeutsche Zeitung
Der Spiegel

Buchtitel:
Duden – Die deutsche Rechtschreibung
Der Brockhaus in zehn Bänden
Harenberg – Das Buch der 1000 Bücher

Abschnittsgliederungen, Aufzählungen und Tabellen

Kein Punkt steht bei

- **Abschnittsgliederungen**

1 Einleitung
2 Die Laut-Buchstaben-Zuordnungen
2.1 Der Laut
2.1.1 Allgemeines
…

1 Die Satzzeichen
1.1 Die Satzmittezeichen
1.1.1 Das Komma
1.1.2 Das Semikolon (der Strichpunkt)
…

- zeilenweise abgesetzten **Aufzählungen**

  Teilbereiche der deutschen Rechtschreibung:
  - *Die Laut-Buchstaben-Zuordnungen*
  - *Die Getrennt- und Zusammenschreibung*
  - *Die Schreibung mit Bindestrich*
  - *Die Groß- und Kleinschreibung*
  - *Die Zeichensetzung*
  - *Die Worttrennung am Zeilenende*

  Satzzeichen:
  - *Komma*
  - *Semikolon (Strichpunkt)*
  - *Doppelpunkt*
  - *Gedankenstrich*
  - *Punkt*
  - *Ausrufezeichen*
  - *Fragezeichen*
  - *Klammer*
  - *Anführungszeichen*
  - *Apostroph (Auslassungszeichen)*
  - *Ergänzungsstrich (Ergänzungsbindestrich)*
  - *Schrägstrich*

- Tabellen

Die Wortarten im Überblick	
Wortart	**Beispiele**
Verb	*wohnen, bleiben, sein*
Substantiv	*Mann, Frau, Kind*
Adjektiv	*schön, hässlich, gut*
Artikel	*der, die, das*
Pronomen	*ich, du, mein*
Adverb	*abends, bald, dort*
Partikel	*sehr, besonders, bloß*
Präposition	*auf, über, wegen*
Konjunktion	*und, weil, dass*

Aktiv 1. Stammform (Präsens)	
Indikativ	**1. Konjunktiv**
ich liebe	*ich liebe*
du liebst	*du liebest*
er, sie, es liebt	*er, sie, es liebe*
wir lieben	*wir lieben*
ihr liebt	*ihr liebet*
sie lieben	*sie lieben*

Der Punkt nach Abkürzungen

Der Punkt steht nach Abkürzungen, die im **vollen Wortlaut** ausgesprochen werden.

Abb. (Abbildung), bzw. (beziehungsweise),
ca. (circa), evtl. (eventuell),
Jh. (Jahrhundert), Nr. (Nummer),
od. (oder), ppa. (per procura),
Str. (Straße), vgl. (vergleiche)

ACHTUNG!
Die Abkürzungen **usw.** und **usf.** werden mit einem Punkt geschrieben.

usw. (und so weiter)
usf. (und so fort)

Kein Punkt steht nach Abkürzungen, die als **solche** ausgesprochen werden.

AG	*(Aktiengesellschaft)*
BGB	*(Bürgerliches Gesetzbuch)*
BRD	*(Bundesrepublik Deutschland)*
DFB	*(Deutscher Fußball-Bund)*
GmbH	*(Gesellschaft mit beschränkter Haftung)*
ISBN	*(Internationale Standardbuchnummer)*
PC	*(Personalcomputer)*
TÜV	*(Technischer Überwachungs-Verein)*
USA	*(United States of America = Vereinigte Staaten von Amerika)*
ZDF	*(Zweites Deutsches Fernsehen)*

Kein Punkt steht nach

- **Maßeinheiten**
  cm (Zentimeter), g (Gramm), km (Kilometer), l (Liter), s (Sekunde), V (Volt), W (Watt), ft (Foot, Feet), yd (Yard)
  aber:
  Pfd. (Pfund), Ztr. (Zentner)
- **Währungsbezeichnungen**
  CHF (Schweizer Franken), EUR (Euro), GBP (britisches Pfund), ITL (italienische Lira)
  aber:
  Fr./sFr. (Schweizer Franken), L. (italienische Lira)
- **Himmelsrichtungen**
  N (Nord[en]), W (West[en]), SSO (Südsüdost[en])

Wenn **Abkürzungs-** und **Schlusspunkt** aufeinandertreffen, ist nur **ein** Punkt am Ende zu setzen.

Horst Köhler ist Bundespräsident a. D.
Er beschäftigt sich mit Rechtschreibung, Grammatik, Stilistik usw.
In diesem Buch stehen Gedichte von Goethe, Schiller, Eichendorff u. a.

Bei Abkürzungen **ohne** Punkt ist am Satzende ein **Satzschlusspunkt** zu setzen.

Das Kfz-Kennzeichen von München ist M.
Sie lebt seit Längerem in den USA.
Diese Bestimmung steht im BGB.

Der Punkt nach Ordinalzahlen

Der Punkt steht nach **Ordinalzahlen** (Ordnungszahlen).

Sonntag, 9. 2. 2014, König Ludwig II.,
4. Stockwerk, 3. Etage, 80. Geburtstag,
1. Preis, 2. Weltkrieg, 1. FC Nürnberg

Wenn **Ordinalzahl** und **Schlusspunkt** aufeinandertreffen, ist nur **ein** Punkt am Ende zu setzen.

Wir beantworten Ihren Brief vom 9. 2.
Man sieht hier ein Bild König Ludwigs II.
Er feiert im engsten Familienkreis seinen 80.

Die Auslassungspunkte

Drei Auslassungspunkte stehen, wenn eine **Rede abgebrochen** oder ein **Gedankenabschluss verschwiegen** wird.

Es ist wohl ratsam, wenn du ...
Wer einmal lügt ...
Und wenn sie nicht gestorben sind ...
Mir fehlen die W...
Das Substantiv beginnt mit H...

Drei Auslassungspunkte stehen, wenn ein **zitierter** Text **unvollständig** wiedergegeben wird.

Original:
Drei Auslassungspunkte stehen, wenn eine Rede abgebrochen oder ein Gedankenabschluss verschwiegen wird.
Zitat:
Drei Auslassungspunkte stehen, wenn eine Rede abgebrochen … wird.

Original:
Das Ausrufezeichen steht nach Ausrufen, Aufforderungen, Befehlen, Wünschen, Bitten und Warnungen.
Zitat:
Das Ausrufezeichen steht nach Ausrufen … Befehlen, Wünschen … und Warnungen.

Der **letzte** Auslassungspunkt ist am **Satzende** zugleich der Schlusspunkt des Satzes.

Was Hänschen nicht lernt …
Das ist deine Sache …
Wenn du nicht gleich …
Sie glaubten in Sicherheit zu sein, doch plötzlich …
Ich würde es dir sagen, wenn …

Der **erste** Auslassungspunkt ist am **Satzanfang nicht** zugleich der Schlusspunkt des **vorangehenden** Satzes.

vollständiger Text:
Lügen haben kurze Beine. Durch diesen Zwischenfall hat sich diese Redewendung wieder einmal bewahrheitet.

Text mit Auslassungen:
Lügen haben kurze Beine. … hat sich diese Redewendung wieder einmal bewahrheitet.

vollständiger Text:
Die erste Zeit mit dem Baby war ganz schön anstrengend. Vater werden ist nicht schwer, Vater sein dagegen sehr, kann ich nur sagen.
Text mit Auslassungen:
Die erste Zeit mit dem Baby war ganz schön anstrengend. … Vater sein dagegen sehr, kann ich nur sagen.

Das Ausrufezeichen

Mit dem Ausrufezeichen gibt man einem Satz besonderen Nachdruck wie etwa bei nachdrücklichen Behauptungen, Aufforderungen, Wünschen oder Ausrufen. Gewöhnlich steht das Ausrufezeichen als Schlusszeichen am Ende eines Satzes, es kann aber in bestimmten Fällen auch innerhalb eines Satzes vorkommen.

Das Ausrufezeichen nach Sätzen

Das Ausrufezeichen steht nach **Ausrufen, Aufforderungen, Befehlen, Wünschen, Bitten** und **Warnungen.**

Komm jetzt sofort zurück!
Bitte nicht stören!
Ruhe!
Nur für Werksangehörige!
Lesen Sie bitte weiter!
Vorsicht, ein Auto!
Viel Spaß!
Toll!
Alles Gute!
Herzlichen Glückwunsch!
Schönes Wochenende!
Friedvolle Feiertage!
Prost Neujahr!
Grüß Gott!

aber:
Schildern Sie uns bitte die Situation.
Ergänzen Sie die fehlenden Angaben.
Bitte informieren Sie mich rechtzeitig.
Siehe Abschnitt 1.
Vergleiche Seite 12, Absatz 3.
(→ S. 42)

Das Ausrufezeichen nach Interjektionen

Das Ausrufezeichen steht nach **Interjektionen** (Empfindungswörtern).

Au! Autsch! Auweia! Bäh! Brr! Buh! Heißa! Herrje! Hoppla! Igitt! Juchhe! Nanu! Oje! Pfui! Pst! Puh! Uff!

Mehrere aufeinanderfolgende Interjektionen, die **nicht** besonders betont werden, trennt man mit **Komma.** Das **Ausrufezeichen** steht nur am **Satzende.**

Au, au!
Doch, doch!
Na, na, na!
Nein, nein, nein!

Wenn alle Interjektionen mit besonderem **Nachdruck** versehen werden sollen, dann steht nach **jeder** das **Ausrufezeichen.**

Halt! Halt! Passen Sie doch auf!
Nein! Nein! Und um es nochmals zu sagen: Nein!

Das Ausrufezeichen in Briefen

Das Ausrufezeichen kann anstelle des Kommas nach der **Briefanrede** stehen (→ S. 15).

(In der Schweiz ist es üblich, kein Satzzeichen nach der Anrede zu setzen und das erste Wort des Textes großzuschreiben.)

Sehr geehrte Damen und Herren!
Herzlichen Dank für Ihren Brief ...

Sehr verehrter Herr Bundespräsident!
Mit diesem Schreiben ...

Lieber Johannes!
Vielen Dank für die schöne Karte ...

Das eingeklammerte Ausrufezeichen

Mit dem eingeklammerten Ausrufezeichen kann man eine **besondere Hervorhebung** ausdrücken.

Die deutsche Einheitsorthografie besteht seit über 100 (!) Jahren.

Selbst vor der eigenen Ehefrau (!) hielt er seine künstlerischen Ambitionen geheim.

Sie behauptete, dem letzten deutschen Kaiser noch persönlich (!) begegnet zu sein.

Das Fragezeichen

Das Fragezeichen hat die Aufgabe, einen Satz als Fragesatz zu kennzeichnen. Gewöhnlich steht das Fragezeichen als Schlusszeichen am Ende eines Satzes, es kann aber in bestimmten Fällen auch innerhalb eines Satzes vorkommen.

Das Fragezeichen nach Sätzen

Das Fragezeichen steht nach **Fragen.**

Wie spät ist es?
Hast du heute Abend Zeit?
Wer fährt mit dem Bus?
Gehst du morgen mit mir ins Theater?
Bist du an diesem Vortrag interessiert?
Können Sie mir bitte den Weg zum Hotel beschreiben?
Haben Sie sich schon über unsere neuen Produkte informiert?
Ob das wohl richtig ist?
Würden Sie bitte das Fenster schließen?
Was soll man sich darüber noch aufregen?
Darf ich Sie mit meiner Frau bekannt machen?

Das Fragezeichen nach Fragewörtern

Das Fragezeichen steht nach **Fragewörtern.**

Wie? Wo? Warum? Weshalb? Wieso?
Wie viel? Wie viele?
Wer? Wessen? Wem? Wen?
Auf die Frage „Wessen?" folgt der Genitiv.

Mehrere aufeinanderfolgende Fragewörter, die **nicht** besonders betont werden, trennt man mit **Komma.** Das **Fragezeichen** steht nur am **Satzende.**

Wenn alle Fragewörter mit besonderem **Nachdruck** versehen werden sollen, dann steht nach **jedem** das **Fragezeichen.**

ohne besonderen Nachdruck:
Wie, wo, wann?
Warum, weshalb, wieso?

mit besonderem Nachdruck:
Wie? Wo? Wann?
Warum? Weshalb? Wieso?

Das eingeklammerte Fragezeichen

Mit dem eingeklammerten Fragezeichen kann man **unglaubwürdige** oder **unbewiesene** Aussagen kennzeichnen.

Diese interessante (?) Lektüre werde ich ihm zum Geburtstag schenken.

Die Schauspielerin ist nach eigenen Angaben 42 (?) Jahre alt.
Sie behauptet, sie habe mit ihrer Schwester (?) die Veranstaltung aufgesucht.
Friedrich I. Barbarossa, geboren in Waiblingen (?) 1122 oder um 1125.

Das Fragezeichen in Verbindung mit dem Ausrufezeichen

Um einen Fragesatz **zugleich** als Ausrufesatz zu kennzeichnen, werden gelegentlich ein **Frage-** und ein **Ausrufezeichen** aneinandergereiht.

Was soll denn das?!
Warum denn nicht?!
Wirds bald?!
Was fällt dir ein?!

Die Klammern

Allgemein gebräuchlich sind zwei Arten von Klammern: runde Klammern und eckige Klammern. Sie haben in der Regel verschiedene Funktionen, die sich aber in bestimmten Fällen überschneiden können.

Runde Klammern

Mit Klammern kann man Zusätze und Nachträge deutlich vom Text abgrenzen. Im Allgemeinen werden runde Klammern verwendet.

Erläuterungen in Klammern

Erläuterungen zu Wörtern oder Sätzen stehen im Allgemeinen in runden Klammern.

Frankenthal (Pfalz)
Mine (Bergwerk, Sprengkörper, Kugelschreibereinlage) vs. Miene (Gesichtsausdruck)
Grille (Insekt) und Grille (Laune)

Die Rechtschreibung (Orthografie) ist die Normierung der Schreibweise einer Sprache nach verbindlichen Regeln.

Die Zeichensetzung (Interpunktion) ist für den Lesenden eine unverzichtbare Hilfe.

Er übergab dem Gläubiger einen Verrechnungsscheck in Höhe von 1000 EUR (in Worten: eintausend Euro).

Eingeschobene Sätze in Klammern

Eingeschobene Sätze können statt in Kommas auch in runde Klammern eingeschlossen werden.

Johannes Gutenberg (der Erfinder der Buchdruckerkunst) wurde in Mainz geboren.

Nach Beendigung der Frostperiode (man rechnet Mitte Februar, spätestens Anfang März) können die baulichen Veränderungen durchgeführt werden.

Wir erwarten deinen Besuch in der nächsten Woche (und zwar am Mittwoch).

Eckige Klammern

Eckige Klammern werden zumeist verwendet, wenn Erläuterungen in einem bereits eingeklammerten Zusatz ebenfalls eingeklammert werden, aber auch bei eigenen Zusätzen in zitierten Sätzen.

Die Klammern in der Klammer

Eckige Klammern können bei Wörtern und Sätzen stehen, die bereits in **runde** Klammern gesetzt sind.

Der erste Präsident der USA (United States of America [Vereinigte Staaten von Amerika]) war George Washington (1732–1799).

Mit dem Wort Bankrott (vom italienischen „banca rotta" [zusammengebrochene Bank]) bezeichnet man die Zahlungsunfähigkeit.

Kassiber (heimliches Schreiben [meist in Geheimschrift] von Gefangenen und an Gefangene)

Anmerkungen des Schreibenden

Eckige Klammern können bei **Anmerkungen** stehen, die der **Schreibende** in einem zitierten Text vornimmt.

„Das Schloss, das wir gestern besichtigt haben [gemeint ist hier Neuschwanstein], wurde von König Ludwig II. gebaut."

„Sie legte ihren bunten Shawl [ältere Schreibung von Schal] ab und setzte sich zu uns."

„Als ich die Alpen zum ersten Mal von oben sah [er war auf dem Flug von Frankfurt nach Rom], war ich von der Großartigkeit der Gebirgslandschaft stark beeindruckt."

Auslassung von Buchstaben

Eckige Klammern können bei **Buchstaben** u. dgl. stehen, die **ausgelassen** werden können.

gern[e], Tür[e], dem Mann[e],
des Manuskript[e]s, Verwechs[e]lung, Vokalverdopp[e]lung, Vorstellung[skraft]

Die Anführungszeichen

Die Anführungszeichen – umgangssprachlich auch »Gänsefüßchen« genannt – haben im Deutschen überwiegend folgende Formen: „…“ und »…«, als halbe Anführungszeichen: ‚…‘ und ›…‹. Es werden immer zwei Anführungszeichen gesetzt, und zwar am Anfang und am Ende des angeführten Textes oder der Hervorhebung.

Die Anführungszeichen bei der direkten Rede

Die Anführungszeichen stehen bei der **direkten** (wörtlichen) **Rede.**

Der Begleitsatz kann dabei an folgenden Stellen des Satzes stehen:

- **vor** dem Redesatz
  - Die Anführungszeichen schließen den **gesamten** Redesatz ein.
  - Die zum Satz gehörenden Satzzeichen bleiben **erhalten.**

Begleitsatz	:	„	**Redesatz**	.“
Er sagte:			*„Ich muss in den Keller.“*	

Begleitsatz : „	**Redesatz**	?“
Er sagte:	*„Was machst du da?“*	

Begleitsatz : „	**Redesatz**	!“
Er sagte:	*„Rate doch mal!“*	

- **nach** dem Redesatz
  - Die Anführungszeichen schließen den **gesamten** Redesatz ein.
  - Nach dem schließenden Anführungszeichen steht immer ein **Komma.**
  - Beim Aussagesatz **entfällt** der Schlusspunkt.
  - Beim Frage- und Aufforderungssatz bleiben die zum Satz gehörenden Satzzeichen **erhalten.**

„ **Redesatz** “,	**Begleitsatz** .	
„Ich muss in den Keller“,	*sagte er.*	

„ **Redesatz** ?“,	**Begleitsatz** .
„Was machst du da?“,	*fragte sie.*

„ **Redesatz** !“,	**Begleitsatz** .
„Rate doch mal!“,	*rief er.*

- **zwischen** den Teilen des Redesatzes
  - Die Anführungszeichen stehen **jeweils** am Anfang und Ende des unterbrochenen Redesatzes.
  - Der eingeschobene Begleitsatz wird durch das **paarige Komma** gekennzeichnet.
  - Am Ende des Redesatzes steht das zum Satz gehörende Satzzeichen.

„ **Redesatz** “,	**Begleitsatz** ,	„ **Redesatz** .“
„Um 8 Uhr“,	*sagte er,*	*„bin ich hier.“*

Die Anführungszeichen bei Zitaten

Die Anführungszeichen stehen bei **Zitaten.**
(Zum Doppelpunkt bei Zitaten → S. 33.)

Friedrich von Schiller schrieb: „Was ist die Mehrheit? Mehrheit ist Unsinn; Verstand ist stets bei wen'gen nur gewesen.“

John F. Kennedy sprach: „Alle freien Menschen, wo immer sie leben mögen, sind Bürger dieser Stadt Westberlin, und deshalb bin ich als freier Mann stolz darauf, sagen zu können: ‚Ich bin ein Berliner!‘“

Von Conrad Ferdinand Meyer stammt der Satz: „Was langsam reift, das altert spät.“

Peter Rosegger bemerkte: „Kein Aprilwetter schlägt so rasch um wie die Stimmung der Menge.“

Die Anführungszeichen bei der Hervorhebung von Wörtern

Die Anführungszeichen stehen bei der **Hervorhebung** von **Wörtern.**

Das Wort „Katze" wird mit „tz" geschrieben.

Die „Frankfurter Allgemeine Zeitung" ist eine bekannte Tageszeitung.

Dies ist ja ein „tolles" Geschenk!

Unsere „lieben" Verwandten kommen zu Besuch.

Halbe Anführungszeichen

Halbe Anführungszeichen stehen, wenn innerhalb eines bereits **mit Anführungszeichen versehenen Satzstückes** oder **Satzes** eine direkte (wörtliche) Rede, ein Titel, ein Zitat oder eine andere Hervorhebung kenntlich gemacht werden soll.

Der Arbeitskollege fragt: „Hast du diesen Artikel in der ‚Frankfurter Allgemeinen Zeitung' schon gelesen?"

„Kennst du die ‚Wünschelrute' von Eichendorff?", erkundigte sich der Lehrer.

Sie sagte: „Im Kino kommt ‚Das Schweigen der Lämmer'."

„Dies war ein Zitat aus Bölls Roman ‚Wo warst du, Adam?', den ich gerade lese", sagte er.

Der Apostroph (das Auslassungszeichen)

Der Apostroph zeigt an, dass in einem Wort ein oder mehrere Buchstaben ausgelassen worden sind. In vielen Fällen können die Schreibenden selbst entscheiden, ob sie einen Apostroph setzen wollen oder nicht.

Der Apostroph bei Auslassungen

Der Apostroph zeigt das **Fehlen** eines oder mehrerer Buchstaben in einem Wort an.

's war 'n tolles Erlebnis!
'ne ganz nette Geschichte!
die heil'ge Erde
ein einz'ger Augenblick
Bist du's etwa?
D'dorf (Düsseldorf)
Ku'damm (Kurfürstendamm)
Lu'hafen (Ludwigshafen)
M'gladbach (Mönchengladbach)

Kein Apostroph steht

- für das entfallene **Schluss-e** in bestimmten Formen des **Verbs** (Zeitworts)
  Ich komm vorbei.
  Das hör ich gern!
  Dies lass ich mir nicht bieten!
  Leg den Mantel zur Seite.

- für das entfallene **Schluss-e** in Nebenformen eines **Substantivs** (Hauptworts) oder **Adjektivs** (Eigenschaftsworts)
  Bursch (Bursche)
  heut (heute)
  öd (öde)
  trüb (trübe)

- in allgemein gebräuchlichen **Verschmelzungen** von **Präposition** (Verhältniswort) und den **Artikeln** (Geschlechtswörtern)
  - ***das***
  - ***dem***
  - ***den***

  ans (an das), aufs (auf das), fürs (für das)
  beim (bei dem), hinterm (hinter dem)
  hintern (hinter den), übern (über den)

- in mit **r-** beginnenden Kürzungen von Wörtern wie **heran, herauf, herein, herüber** usw.
  Ran an die Arbeit!
  Kommst du rauf?
  Bist du ohne Schlüssel reingekommen?
  Komm doch mal rüber.

Bei der Verkürzung des Pronomens (Fürworts) **es** zu **s** ist der Gebrauch des Apostrophs **freigestellt.**

Wie gehts? auch: *Wie geht's?*
Nimms leicht! auch: *Nimm's leicht!*
Sags mir doch! auch: *Sag's mir doch?*

Der Apostroph bei Namen

Der Apostroph kennzeichnet den **Genitiv** (Wesfall) von Namen, die auf **s, ss, ß, tz, z** oder **x** enden.

Claudius' Gedichte, Grass' Blechtrommel, Voß' Übersetzungen, Ringelnatz' Gedichte, Leibniz' Philosophie, Marx' Lehre

Gelegentlich wird der Apostroph vor der Endung **-sch** zur Verdeutlichung der **Grundform** eines **Personennamens** gesetzt.

die Einstein'sche Relativitätstheorie
auch: *die einsteinsche Relativitätstheorie*

die Grimm'schen Märchen
auch: *die grimmschen Märchen*

Gelegentlich wird der Apostroph vor dem **Genitiv-s** (Wesfall-s) zur Verdeutlichung der **Grundform** eines **Personennamens** gesetzt.

Andrea's Imbissstube
Manfred's Schnellgerichte
Ulrich's Würstchenbude

Der Ergänzungsstrich (Ergänzungsbindestrich)

Wenn zwei zusammengesetzte Wörter beieinanderstehen, die sich einen Bestandteil teilen, kann dieser Bestandteil bei einem der Wörter entfernt werden. Teilen sich beide Wörter das Grundwort, also den zweiten Bestandteil, kann dieses beim ersten Wort durch den Ergänzungsstrich (also den Bindestrich) ersetzt werden. Teilen sich beide Wörter das Bestimmungswort, also den ersten Bestandteil, steht der Ergänzungsstrich beim zweiten Wort.

Der Ergänzungsstrich steht, wenn in **mehreren** Wörtern ein **gleicher** Bestandteil ausgelassen wurde.

Die Auslassung kann die folgenden Bestandteile betreffen:

- den **letzten** Bestandteil
  An- und Verkauf, Ein- und Auszahlung, Feld- und Gartenfrüchte, Hin- und Rückfahrt, Material- und Ersatzteillager, Vor- und Nachteile, Balkon-, Garten- und Campingmöbel, kraft- und saftlos, vor- oder rückwärts
  aber:
  Privat- und öffentliche Mittel, öffentliche und Privatmittel

- den **ersten** Bestandteil
  Baumpflege und -nutzung,
  Kriegsbefürworter und -gegner,
  Lederherstellung und -vertrieb,
  Paketannahme und -ausgabe
- den **letzten und ersten** Bestandteil
  Bundesinnen- und -finanzministerium,
  Eisenbahnüber- und -unterführungen,
  Textilgroß- und -einzelhandel,
  Warenimport- und -exportgeschäfte

Der Schrägstrich

Der Schrägstrich, der kein Satzzeichen im engeren Sinne ist, kann Wörter oder Zahlen als zusammengehörig kennzeichnen. Vor und nach dem Schrägstrich steht in der Regel kein Zwischenraum. Vor allem bei der Zusammenfassung von Wortgruppen ist jedoch die Schreibung mit Zwischenräumen auch üblich.

Der Schrägstrich bei der Angabe von Größen- und Zahlenverhältnissen

Der Schrägstrich steht bei der Angabe von Größen- und Zahlenverhältnissen im Sinne von **je** oder **pro.**

80 km/h (80 Kilometer je Stunde)
100 Ew./km^2 (100 Einwohner je Quadratkilometer)
1 J/K (1 Joule pro Kelvin)
1,225 kg/m^3 (1,225 Kilogramm pro Kubikmeter)

Der Schrägstrich bei der Zusammenfassung von Wörtern und Zahlen

Der Schrägstrich fasst **Wörter** und **Zahlen** zusammen. Er steht dabei im Sinne von

- **und**
  die Mitarbeiterinnen/Mitarbeiter
  (die Mitarbeiterinnen und Mitarbeiter)

die Mitarbeiter/-innen
(die Mitarbeiterinnen und Mitarbeiter)

- **oder/bzw.**
  Ich/Wir überweise[n] von meinem/unserem Konto ...
  (Ich oder Wir überweise[n] von meinem oder unserem Konto ...)

  An Herrn/Frau/Firma ...
  (An Herrn bzw. Frau bzw. Firma ...)

- **bis**
  Wintersemester 2013/14
  (Wintersemester 2013 bis 2014)

Der Schrägstrich bei der Gliederung von Akten-/ Diktatzeichen und Rechnungsnummern

Der Schrägstrich gliedert

- **Aktenzeichen**
  St/75/12
  1/912/A/4

- **Diktatzeichen**
  Ke/Rei
  Mü/So

- **Rechnungsnummern**
  Rechnungsnummer 1490/11
  Rechn.-Nr. 1490/11

Grammatische Fachbegriffe

Adjektiv, das: ***Eigenschaftswort.*** Wort, das eine Eigenschaft oder ein Merkmal bezeichnet, das ausdrückt, wie jemand oder etwas ist, wie etwas vor sich geht oder geschieht, z. B. *ein großes Haus, das Haus ist groß, er läuft schnell.*

Apposition, die: ***Beisatz.*** Erklärender Zusatz, der im gleichen Fall wie das → Substantiv steht. Die Apposition kann man weglassen, ohne dass der Satz sinnlos wird, z. B. *Konrad Duden, der Vater der deutschen Einheitsorthografie, wurde am 3. 1. 1829 auf Gut Bossigt bei Wesel geboren.*

Artikel, der: ***Geschlechtswort.*** Wort, das Geschlecht, Fall und Zahl des → Substantivs angibt. Man unterscheidet zwei Arten: die bestimmten Artikel *(der, die, das)* und die unbestimmten Artikel *(ein, eine).*

Deklination [des → Adjektivs], die: ***Beugung [des Eigenschaftsworts].*** Bei der Deklination des → Adjektivs wird das Wort in seiner Form verändert. In der Regel wird dies durch eine Endung sichtbar, z. B. *eine warme Mahlzeit, ein harter Stuhl, ein weiches Material.*

Genitiv, der: ***Wesfall, 2. Fall.*** Fall, der Besitz, Zugehörigkeit und Eigenschaften anzeigt, z. B. *das Haus des Vaters, die Trainerin der Handballmannschaft.*

Infinitiv, der: ***Grundform.*** Form des → Verbs, die ein Sein oder Geschehen ohne Verbindung mit Person, Zahl usw. angibt, z. B. *kommen, laufen, singen.*

Interjektion, die: ***Empfindungswort.*** Wort, das eine Empfindung, ein Begehren oder eine Aufforderung ausdrückt oder mit dem ein Laut nachgeahmt wird, z. B. *ach, au; basta, halt; miau, wumm.*

Konjunktion, die: ***Bindewort.*** Wort, das zwischen Wörtern, Wortgruppen oder Sätzen eine (räumliche, zeitliche, ursächliche o. ä.) Beziehung kennzeichnet, z. B. *er und sie; ich hoffe, dass es gelingt.*

Ordinalzahl, die: ***Ordnungszahl.*** Wort, das angibt, an welchem Punkt einer Reihenfolge oder Rangordnung eine Person oder Sache steht, z. B. *er wohnt im zweiten (2.) Stock; sie feiert den achtzigsten (80.) Geburtstag.*

Partizip, das: ***Mittelwort.*** Form des → Verbs.
Das Partizip I / Mittelwort der Gegenwart (z. B. *hoffend, lachend, bindend, lügend*) kann oft wie ein → Adjektiv verwendet werden (z. B. *das lachende Kind*).
Das Partizip II / Mittelwort der Vergangenheit (z. B. *gehofft, geweint, gesehen, verwundet, interessiert*) wird zur Bildung der zusammengesetzten Zeitformen gebraucht (z. B. *wir hatten gehofft, sie wurden gesehen*) und kann ebenfalls oft wie ein → Adjektiv verwendet werden (z. B. *die interessierten Besucher*).

Prädikat, das: ***Satzaussage.*** Teil des Satzes (→ Verb), der einen Zustand oder ein Geschehen ausdrückt oder aussagt, was mit dem → Subjekt geschieht, z. B. *die Rose blüht; er spielt Gitarre.*

Präposition, die: ***Verhältniswort.*** Wort, das in Verbindung mit einem anderen Wort, meist einem → Substantiv, ein (räumliches, zeitliches, ursächliches o. ä.) Verhältnis kennzeichnet, z. B. *sie geht in das Zimmer; er tut es aus Liebe; das Kind spielte mit dem Hammer.*

Pronomen, das: ***Fürwort.*** Wort, das ein → Substantiv vertreten oder begleiten kann, z. B. *er, sie; mein Auto, dieses fröhliche Kind.*

Subjekt, das: ***Satzgegenstand.*** Teil des Satzes, der etwas Vorhandenes benennt, über das im Satz etwas ausgesagt wird, z. B. *die Rose blüht; er spielt Gitarre.*

Substantiv, das: ***Hauptwort, Namenwort, Nomen.*** Wort, das ein Lebewesen, Ding oder einen Begriff u. Ä. benennt, z. B. *Vater, Stuhl, Schönheit, Freude, Drehung.*

Verb, das: ***Zeitwort, Tätigkeitswort, Tunwort.*** Wort, das ein Geschehen, einen Vorgang, einen Zustand oder eine Tätigkeit bezeichnet, z. B. *gehen, liegen, singen, tanzen, wünschen.*

A

B

P

R

S

T